AF261682

UNITÉ, INDIVISIBILITÉ DE LA RÉPUBLIQUE, LIBERTÉ, ÉGALITÉ, FRATERNITÉ.

ANTOINE PECCOT fils, Nantois,

Détenu à Paris,

Au Comité de Sûreté générale.

CITOYENS,

DANS ce compte de ma vie révolutionnaire, que je rends au comité de sûreté générale, conformément à la loi, je pourrois me considérer comme victime de préventions injustes, ou de haines encore plus injustes. Il est possible que le salut de la République ait servi de prétexte à quelques faux patriotes, pour satisfaire de basses vengeances, ou une ambitieuse cupidité. Cependant, je suis loin de supposer à mon arrestation d'odieux motifs. Ce nom sacré de République est si doux pour moi, que je suis naturellement porté à pardonner les erreurs qui ont eu pour cause son intérêt. Il m'appartient de provoquer l'indulgence sur les écarts du civisme. Je présume qu'on m'impute une simple participation à une faute involontaire, qui consiste dans l'application d'un principe vrai, faite mal-à-propos, & peut-être dangereusement, mais sans dessein, par des hommes absolument dévoués à la République, qui croyoient la servir, & qui étoient circonvenus de

*A

tous les moyens imaginables de déception. Les meilleurs Républicains peuvent donc fe tromper & être trompés.

Arrêté depuis cinq mois dans diverfes maifons de détention, & un mois dans ma demeure fur ma parole de républicain, j'ai gardé un rigoureux filence. Je n'ai point recueilli de pieces juftificatives, attefté la voix publique de mon pays, ni publié de mémoire en ma faveur. Telle eft mon innocence, le fentiment en eft fi profond, le tableau de ma conduite civique peut être d'une vérité fi frappante, que je n'ai pas craint de m'abandonner pendant fix mois à l'effrénée calomnie.

Il eft vrai que je ne devois m'attendre ni à être envoyé à Paris, ni à éprouver fur la route un traitement qui tient de la barbarie. Il feroit trop long d'expofer les maux que j'ai foufferts : ma fanté en eft, & en fera pour long-tems altérée. J'ofe dire qu'ils fuffifent pour expier un crime. Puiffe la juftice du comité de fûreté générale m'en tenir compte, & fa bienveillance, les regarder comme la peine due à un acte irréfléchi & rétracté prefqu'auffi-tôt que connu ; ils ont eu du moins pour moi cette utilité d'ajouter encore, s'il étoit poffible, à mon amour pour la liberté, & de le mettre à une épreuve qu'il a foutenue avec une énergie vraiment digne de la République ; car, lorfque le canon de l'infâme Jacquelin commençoit à gronder, & menaçoit de foudroyer Angers, du fein de l'affreufe prifon de cette ville, où les Nantois étoient confondus avec des forçats, des meurtriers & des brigands qui fe glorifioient déjà du fuccès prochain des royaliftes, leurs complices, & avoient

l'exécrable audace de blasphémer la République, je me joignis à mes concitoyens pour demander des armes. Le
lendemain, au moment du danger le plus imminent,
& de l'annonce des préparatifs prétendus d'une retraite,
nous réitérâmes notre demande par une pétition, où nous
engagions notre parole de républicains, de rentrer en pri-
son aussi-tôt après le combat, & sur le bruit (vrai ou faux,
mais dont notre situation critique ne permettoit pas l'examen) qui se répandit qu'il y avoit un projet de dénoncer aux
brigands les républicains énergiquement prononcés, &
j'étois un de ceux-là, je ne fus pas des derniers à dévouer à
l'infamie, quiconque auroit la lâcheté de vivre esclave,
plutôt que de mourir libre, & ne se dénonceroit pas lui-
même aux brigands comme un républicain déterminé à
périr, plutôt que de rien faire de contraire à ses sermens.
Enfin, je pris sur mon nécessaire une somme relativement
forte pour offrir avec mes concitoyens des secours aux bles-
sés, ou aux veuves & orphelins des défenseurs de la patrie.

Mais, indépendamment des dangers effrayans de la
route, pourquoi m'avoir envoyé à Paris seulement avec
quatre ou cinq membres des trois administrations ? Je
suis bien éloigné de me plaindre de mon séjour à Paris,
ce n'est qu'ici que j'ai trouvé l'humanité, & c'est ici que
je suis sûr de trouver la justice. Cependant, quel motif
de me mettre au nombre d'hommes chargés (équitable-
ment ou non, peu m'importe, c'est à chacun de se justifier)
de qualifications inciviques, & traités d'ennemis de la République, à laquelle on savoit que je suis attaché plus qu'à ma

vie! N'étoit-il pas notoire que la convention s'étoit faisie de la connoiffance du délit imputé aux adminiftrations de Nantes, & qu'elle y avoit fi peu vu, je ne dis pas la réalité, mais l'ombre même d'une confpiration, qu'elle s'étoit contentée de mander à fa barre le préfident & le procureur général du département, & d'appeller auprès *d'elle* un membre de la municipalité, & un autre du diftrict, pour lui donner des informations & des renfeignemens fur lefquels le comité de fûreté générale feroit un rapport. Le comité avoit-il fait ce rapport? Aucun des adminiftrateurs de Nantes pouvoit-il être envoyé à un tribunal avant un décret de la convention, ou un ordre du comité? Devoit-on confidérer comme tenant à une confpiration, un acte où la convention & le comité de fûreté générale n'avoient vu qu'une erreur bien excufable par une foule de raifons, & que le comité avoit d'abord jugé ne devoir pas être punie par la privation même momentanée de la liberté des prévenus? Il y a plus, à moins que la convention nationale n'abolît un décret folemnel qui couvre la faute de ceux qui auroient été véritablement trompés d'une indulgence & d'un pardon abfolu, garanti par ce qu'il y a de plus augufte & de plus refpectable fur la terre, le corps dés repréfentans du peuple François, & efface, en des victimes d'un égarement prefque inévitable, toute tache d'incivifme & de culpabilité, fi, dans le délai prefcrit, ils fe rétracte authentiquement, il eft évident que les adminiftrations de Nantes, dont la rétractation fut connue prefqu'auffi-tôt que l'erreur, s'étant rétractées avant le terme du délai, aucune recherche ne pouvoit plus être

faite de leur conduite que par le comité de sûreté générale, dont la générofité républicaine affure à des républicains un moment féduits, mais, qui, dans ce moment-
là même, n'ont ceffé d'être inviolablement attachés à la
convention nationale & à la République, l'exécution pleine
& entiere du décret bienfaifant & jufte qui les conferve
citoyens François. Comment pouvoit - on mettre en ju-
gement, ou peut - être même détenir les adminiftrateurs
reftés à Nantes, quand ceux mandés à Paris font encore
libres ? Devoit-on fe croire à Nantes plus fage, plus jufte,
plus républicain que le comité de sûreté générale ?

Ce décret de la convention devoit être d'autant plus
refpectable & plus refpecté, que les repréfentans qui nous
deftituerent déclarerent que c'étoit à regret qu'ils le fai-
foien ; qu'ils fe contenterent de nous mettre en arreftation
dans nos demeures, fur notre parole de républicains, qu'ils
nous connoiffoient incapables de violer ; que les adminiftrateurs de Nantes étoient connus par un zele ardent, pur, dé-
fintéreffé ; que leur républicanifme étoit à l'abri de tout
reproche ; que leur haine pour le royalifme, & tout ce
qui tenoit à l'ancien régime étoit notoire ; que leur conduite, relativement à la Vendée, étoit digne de tous les
éloges ; qu'ils avoient donné aux loix révolutionnaires toute
la plénitude de leur exécution ; qu'ils avoient toujours aimé,
encouragé, foutenu, fecouru les patriotes ; que ces mêmes
patriotes n'ont jamais eu à fe plaindre d'eux ni directement ni indirectement, en un mot, qu'ils étoient à toute
la hauteur du régime révolutionnaire.

Mais pourquoi me choifit-on de préférence avec quel-

ques autres, fur une maffe de cent trente & quelques individus? Eft-ce parce que j'étois moins bon républicain, ou
parce que j'étois plus influent? Je ne prétends point élever mon civifme, au-deffus du civifme de mes ci-devant
collegues; je penfé qu'ils font auffi dévoués républicains
que moi; mais je déclare, fans craindre d'être démenti,
qu'aucun ne l'eft davantage. Je vais donner les preuves de
cette affertion, & quant à l'influence qu'on a pu me fuppofer pour juftifier le choix injufte ou erroné qui a été fait
de ma perfonne pour le voyage le plus périlleux, je prou-
verai, & je fuis perfuadé qu'il ne reftera pas le moindre
doute, que fous ce rapport comme fous l'autre, je n'ai
point mérité une prédilection fi funefte.

En 1788 & au commencement de 1789, j'étois à Rennes,
lorfque les nobles & les prêtres coalifés menaçoient de
perpétuer fur la tête du peuple, le joug de leur odieufe
oppreffion. Je manifeftai fortement mon vœu; je participai à tous les actes d'oppofition que les jeunes Bre-
tons formerent. Je me rappelle entr'autres d'avoir figné
leur première réclamation, celle de toute qui fut la plus
énergique, & qui donna à tous les efprits la plus vive
impulfion. C'étoit véritablement le cri de la révolution,
l'appel de la liberté, & le mouvement avant-coureur de
la chûte des tyrans. Je me glorifiois hautement de l'obfcurité de ma naiffance, des profeffions mécaniques de
mon pere & de ma famille; ni le ridicule, ni le dédain
ne m'ont empêché, depuis cette époque, de développer
le caractere d'un homme digne du régime républicain.

Quelques jours après la prife de la baftille, la ville

de Nantes fuivit le grand exemple que Paris venoit de donner à l'Univers. Brûlant du même feu que mes concitoyens, j'avois pris les armes, & j'étois de garde à la maifon commune, la veille du jour, & le jour même où ce mouvement populaire fe manifefta avec une énergie inexprimable. Mon fervice dans la garde nationale n'a pas été interrompu un feul inftant, malgré l'état incertain de ma fanté, & j'y ai rempli tous mes devoirs avec la plus fcrupuleufe exactitude. Tous ceux qui me connoiffent à Nantes, favent que je fuis né infirme, que la difformité de mes pieds, la foibleffe de mes jambes, l'impoffibilité d'aucun exercice dans ma jeuneffe, m'interdifent un fervice foutenu & fur-tout des courfes. Cependant, je n'ai pas affifté feulement aux expéditions où l'on m'a requis; mais quoique, doublement exempt par la place que j'occupois depuis un an, & par le vice de ma conformation, j'ai pris les armes contre les rébelles de la Vendée, principalement en une occafion qui devoit être évidemment périlleufe, & que je m'empreffai de faifir.

Auffi-tôt que la fociété populaire fe conftitua en 1790, je me fis recevoir au nombre de fes membres. C'eft-là qu'avec un courage imperturbable, malgré les clameurs de la calomnie & de la haine, les injures, les farcafmes, les criailleries, j'élevai la voix pour la caufe populaire, je déclamai contre les égoïftes, j'attaquai la fuperftition, je démafquai le fanatifme & l'hypocrifie, je fappai la royauté, je ridiculifai la nobleffe. J'adjure tout Nantes fi je me fuis mêlé d'aucune intrigue, fi je fuis entré dans aucune cabale ; fi je n'ai pas été univerfellement reconnu pour un ennemi franc & déclaré des intrigants & des cabaleurs, fi ma conduite a été une feule minute équivoque , fi j'ai compofé jamais avec les préjugés & les intérêts particuliers ; fi je n'ai pas été l'objet de la haine , non-feulement des contre-révolutionnaires ; mais de tous ceux qui fondoient fur une éducation cultivée , fur des états prétendus honnêtes , fur des fortunes confidérables , l'efpoir d'une inégalité nouvelle , non moins à charge au peuple que celle qu'il avoit déja détruite.

Je le demande à Fouché , repréfentant du peuple , que les comités de falut public & de fûreté générale ont chargé de plufieurs miffions importantes , lorfqu'à Nantes , après avoir fait l'oraifon funèbre de Mirabeau , il fut menacé d'être jetté dans la riviere pour avoir courageufement dévoilé ce que la conduite & les difcours de cet homme célebre lui paroiffoient avoir eu d'anti-populaire , lorfqu'avec une énergie inexprimable , il foudroyoit la fuperftition , l'intrigue , le fanatifme , la royauté , l'égoïfme , avoit-il un ami , un défenfeur plus chaud que moi ? Ne faifois-je pas tous mes efforts pour le foutenir contre la calomnie qui mettoit tout en ufage pour le décourager ? Etoient-ils en grand nombre ceux qui déclamoient avec nous contre la cour , contre les Feuillants , contre le maffacre de Nanci , contre le maffacre du champ de Mars , contre l'infâme Bouillé , & fes admirateurs & fes complices ?

J'étois effentiellement révolutionnaire ; je defirois que

la révolution fût abfolument populaire , & que des intrigants ne s'en emparaffent pas pour la faire tourner à leur
profit. La fociété , alors connue fous le titre des *Amis de
la Conftitution* , occafionnoit de grands frais à fes membres. Il étoit impoffible que les patriotes indigents s'y fif-
fent aggréger , fans fouftraire au néceffaire de leur famille.
Quatre ou cinq de ces dévoués républicains (car ils l'é-
toient fous la monarchie) s'affembloient près de chez
moi dans une auberge , où ils lifoient les papiers publics
les plus révolutionnaires. Je fraternifois avec eux. Je leur
repréfentai qu'il ne falloit pas cacher la lumiere fous le
boiffeau ; que leur exemple pouvoit avoir l'influence la
plus favorable , que la révolution fe faifant pour le peuple , il étoit néceffaire qu'il la connût, qu'il l'aimât , qu'il
l'accélérât. Je les invitai à fe former en fociété populaire , & c'eft le germe de celle de Vincent-la-Montagne.
Je prie les républicains qui la compofent de déclarer fi je
n'ai pas été abfolument dévoué à tous & à chacun d'eux ;
fi toutes les fois qu'elle a bien voulu me choifir pour fon
organe , je ne me fuis pas montré en vrai ami du peuple ,
en franc révolutionnaire , fi j'ai omis un feul acte , qui
ait été en mon pouvoir , relatif à l'intérêt national , ou à
celui du pauvre & du malheureux.

Lorfque par le décret du marc d'argent , l'ariftocratie
eut l'audace de mettre une barriere entre le peuple & les
fonctions publiques , je me hâtai de m'adjoindre à ceux
qui demandoient qu'elle fût détruite ; je fus chargé par la
fociété populaire d'inviter Robefpierre à foudroyer ce mur

* B

de féparation fi odieux, fi contraire aux droits naturels & fociaux. Robefpierre dans une lettre fraternelle nous promit fes généreux efforts, & l'attente des vrais amis du peuple n'a pas été trompée. Un léger moûvement qui eut à la fois pour prétexte & pour motif l'agiotage fur les affignats, fit publier à Nantes la loi martiale. Quoique l'humanité & la fageffe des magiftrats duffent me raffurer, je m'oppofai de toutes mes forces à ce qu'on fît feu dans la fection armée dont je faifois partie, & qui partageoit mes principes. Je n'ai ceffé de déclamer contre cette loi féroce, qui n'avoit pour bafe que l'intérêt des oppreffeurs, & fur laquelle les ennemis publics fondoient de fanguinaires efpérances.

Je ne crois pas qu'il foit poffible de déclamer contre les prêtres réfractaires avec plus d'énergie & d'opiniâtreté que je ne l'ai fait ; quoique j'euffe la plus fcrupuleufe attention de ne pas confondre l'opinion & la faction. Cependant comme il importoit peu que le coup de poignard fût donné à l'efprit public par un aveugle, ou par un fcélérat, tous ceux qui refuferent de prêter le ferment, devinrent, pour-ainfi-dire, mes ennemis perfonnels. Je ne vis plus en eux qu'une faction contre-révolutionnaire, & je m'attachai fans relâche à les démafquer. J'ai perpétuellement provoqué & fecondé contre eux le zele des tribunaux & des autorités conftituées. J'ai pris tous les genres de ftyle pour les combattre, tantôt férieux, tantôt plaifant, fuivant l'occafion, toujours m'efforçant de me mettre à la portée du peuple. Je me fuis dévoué à la caufe des prêtres qui ont voulu greffer fur la religion la liberté. J'ai fait tout mon poffible pour que la philofophie toujours foumife à l'Être fuprême, déracinât la fuperftition lentement & à petit bruit, étouffât le fanatifme, fans qu'on pût rien craindre des mouvements convulfifs de fon agonie. Il n'y a pas un des prêtres conftitutionnels qui n'ait trouvé en moi dans la circonftance, un défenfeur imperturbable contre les ariftocrates & les modérés. Il en eft de même des patriotes, lorfque des occurrences difficiles exaltant leur civifme, pouffoient un peu trop loin leur zele; j'ai prefque toujours eu le bonheur d'être leur confeil & leur appui. Il n'y a pas jufqu'à la chaire ou l'amitié ne m'ait permis d'être utile à la révolution, & quand l'opinion publique fembla tout-à-coup fe corrompre, & dévier fenfiblement ; quand, fous prétexte de tolérance, quoique dès ce moment l'intrigue contre-révolutionnaire fût bien connue, la faction royalifte prépara la guerre de la Vendée, & la deftruction de la liberté, tous les patriotes éprouverent & manifefterent de vives inquiétudes ; il falloit que quelqu'un fe mît en avant, & fît à la caufe populaire, le facrifice bien pénible de fon amour-propre. Il falloit braver en plein théâtre le ridicule & les farcafmes, s'expofer aux fifflets, & plus encore aux traits de la vengeance des prêtres & de leurs fatellites. Encouragé & foutenu par les patriotes, je compofai & fit jouer à Nantes le *Tartuffe du Jour*, ou le *Prêtre Réfractaire*, petite comédie en profe, qui parut atteindre le but qu'on s'étoit propofé ; mais qui

ne fut pas d'une utilité si évidente à ma réputation littéraire ; peu m'importoit, j'avois servi la chose publique. La
part d'auteur devoit être au profit des pauvres, mais du
consentement de la société populaire, elle fut laissée aux
comédiens qui y avoient bien droit, sous plusieurs rapports. En un mot, je n'ai rien négligé pour détruire les
préjugés religieux de la maniere la plus favorable à l'é-
tablissement & au maintien de la liberté. Je puis me
féliciter d'avoir mis quelque prudence dans les actes même
du patriotisme le plus chaud, & j'ai eu l'avantage de me
conduire de sorte, que les patriotes dévots, en me voyant
ébranler l'arbre de la superstition & du fanatisme, ap-
plaudissoient à mes efforts.

La société des amis de la constitution à Nantes, avoit
députe deux de ses membres auprès de la société des amis
de la révolution à Londres. Une correspondance s'étoit
établie, des rapports intimes s'étoient formés entre les
révolutionnaires de France & d'Angleterre. Du Couëdic
écrivoit aussi de Londres, à la société populaire, des lettres, où respiroit le civisme le plus ardent & le plus pur.
Pour maintenir cette union, & alimenter sans cesse l'es-
prit destructeur de la tyrannie, je proposai, & la société
arrêta, de célébrer chaque année, au 4 novembre, la révolution Angloise de 1688, & l'expulsion de Jacques II.
C'étoit l'objet de l'institution de la société de Londres.
Certes, ce n'étoit pas se montrer d'avance au-dessous des
mesures qui devoient frapper la famille du dernier tyran
des François. C'étoit un moyen de frapper indirectement

le royalifme, de démontrer, par des faits & jufqu'à l'évidence, que le trône & l'églife fe prêtent mutuellement leur appui, pour établir l'oppreffion fur les ruines des droits du peuple, de porter les plus rudes coups à la faction royalifte & facerdotale, & d'attaquer directement l'ariftocratie, fi, à l'imitation des formes de gouvernement établies dans quelques parties de l'Europe, fous le nom de liberté, elle vouloit s'élever, entre le trône & le peuple, pour s'engraiffer de fon fang & de fa fubftance. Je chantois & faifois chanter à ces fêtes civiques, & dans toute autre occafion qui fe préfentoit, foit en public, foit à des affemblées particulieres, des couplets, tant bons que mauvais, dont quelques-uns ont été chantés fur le théâtre de Nantes, d'autres imprimés dans les chanfonniers patriotes, où refpiroit toujours une haine déclarée contre les ennemis publics, & où je foulois aux pieds tous les préjugés royaux & facerdotaux : en voici une preuve, extraite de couplets que je chantai le 4 novembre 1791.

Que le vil prifonnier du temple,
Soit à tout brigand couronné,
Un utile & frappant exemple,
Du fort qui leur eft deftiné.

Rois, nobles, feigneurs, gens d'églife,
Suppôts des fuperftitions,
Ceffez de prêcher la fottife,
Et de tromper les nations.
Nous ne craindrons plus aucun traître,
Aucun ennemi de la loi,
Quand le boyau du dernier prêtre
Aura pendu le dernier roi.

Il eft aifé de voir que je ne courois pas après le mérite littéraire; mais que mon unique motif étoit de ftimuler, d'accroître l'efprit public, & de le préparer, autant qu'il étoit en mon pouvoir, à toutes les grandes mefures que détermineroit la fageffe de la convention nationale. La Révolution françoife n'a point eu d'événement mémorable, & qui pût aggrandir l'ame des citoyens; l'hiftoire des peuples libres n'a point offert de traits qui donnaffent occafion de porter des coups fûrs au royalifme & au fanatifme, que je n'en aye célébré l'anniverfaire. Et il m'eft doux de pouvoir affurer que je n'ai pas moins parlé au courage qu'à la fenfibilité; qu'en rappellant les actes de dévouement civique, je n'ai rien négligé pour infpirer le fentiment de les imiter; comme en peignant les horreurs du royalifme, j'ai tâché d'exciter contre lui la haine la plus implacable. Je puis dire, avec affurance, que, dans le point délicat qui fépare la politique de la morale, je n'ai point foulevé la confcience du peuple contre fon intérêt, ni oppofé l'intérêt du peuple à fa confcience. Fidele aux loix de la providence, j'ai toujours voulu le bien, & j'ai toujours tâché de tirer le bien de ce qui paroiffoit ne le pas être.

Ce qu'il y avoit de plus difficile & de plus important à détruire dans les départemens éloignés du foyer des lumieres, c'étoit l'efprit de corporation. Chaque corps de métier, chaque confrairie religieufe, chaque cotterie, avoit fes principes, fes intérêts, ou plutôt fes préjugés & fes erreurs. Il falloit un dévouement abfolu pour les attaquer, je ne dis pas par les armes de la raison, car elles étoient presque sans effet, mais par celles du ridicule qui soulevoient contre le patriote qui les employoit, non-seulement la haine des corps, mais celle beaucoup plus active des individus. J'y ai travaillé avec courage & constance malgré les cris & les murmures de ceux mêmes qui depuis ont affecté de déclamer avec violence contre ces mêmes préjugés & ces mêmes erreurs.

J'appuyai, aussi fortement que personne, sous la constitution royaliste, un arrêté des trois corps administratifs de Nantes, qui avoit pour objet d'empêcher l'exportation de marchandises précieuses à l'exercice de l'industrie du plus grand nombre des citoyens, & de faire passer ainsi à l'étranger des moyens d'intrigue, de corruption, de misere, de guerre & de famine, contre le peuple François. Dans une séance, de la société alors séante à la ci-devant église de Saint-Denis, je fus qualifié de *monstre*, pour avoir appuyé un moyen infaillible, & depuis universellement adopté par toute la France, de détruire l'agiotage ; &, si les sabres des républicains ne se fussent levés pour me défendre, les suppôts des agioteurs & les agents de l'aristocratie qui se glissoient par-tout & mettoient tout à profit, m'auroient précipité de la tribune. Lorsqu'il fut question d'émettre un vœu sur l'acceptation des assignats, un parti violent s'y étant opposé, la société populaire se rendit en masse au lieu où se faisoit cette délibération, & peu s'en fallut que des hommes égarés ne se portassent à de sanguinaires excès contre les patriotes qui venoient de

voter le falut de la France, & le plein fuccès de la révolution. N'ai-je pas, en cette circonftance, quoique, à la
vérité, moins directement, couru le rifque de perdre la vie?
Combien de fois n'ai-je pas provoqué des réformes utiles
pour les hôpitaux, les maifons d'orphelins, d'infirmes,
de vieillards, & des établiffemens pour les pauvres, pour
les mendiants, en un mot, pour les victimes que peuvent faire quelques abus qui réfultent inévitablement du
régime focial, ou de la ceffation momentanée de quelque
partie de la profpérité publique? Combien de fois n'ai-je
pas été dépofitaire des plaintes des vieux défenfeurs de la
patrie, & actif à rédiger leurs pétitions, à appuyer leurs
demandes, ou à les leur faire accorder? Combien de fois,
fur l'article délicat des fubfiftances, n'ai-je pas fecondé le
zele des magiftrats, en allant avec eux au-devant des
follicitudes du peuple, afin d'ôter à fes ennemis tout prétexte d'agitations contre-révolutionnaires? Combien de
fois n'ai-je pas été fon organe, pour expofer fes griefs, fes
fentimens, fes principes, exprimer fon adhéfion à tous les
actes de républicanifme fous la monarchie, à toutes les
opérations légiflatives ou adminiftratives qui avoient be-
foin de fon concours ou de l'appui de fon opinion énergiquement manifeftée? Lorfque Raynal, ou, fous fon
nom, les contre-révolutionnaires firent paroître contre la
révolution & contre les fociétés populaires la diatribe la
plus infâme & la plus dangereufe; lorfque de lâches patriotes, en grand nombre, parloient de déferter & de faire
fermer les fociétés populaires, ne manifeftai-je pas une
grande

grande énergie, & ne luttai-je pas de toutes mes forces contre cette affreufe intrigue qui porta à l'efprit public le coup le plus rude qu'il eut encore reçu à Nantes? Qui fut plus républicain que moi, dans fes mœurs, dans fes manicres, dans fes actions, dans fes difcours? Qui étoit plus rapproché du peuple par fon coftume fans affectation, par fon langage plein de franchife & de vérité? Quand les bataillons de nouvelle levée étoient expofés aux mauvaifes plaifanteries des ariftocrates, qui, pour les défendre, foutenoit avec plus de force la dignité de l'homme & du citoyen, oppofoit plus vivement le farcafme à la raillerie, & donnoit aux fans-culottes leur revanche d'une maniere plus complette & plus utile à la chofe publique? Quand quelques magiftrats patriotes ont paru devoir être perfécutés, quel dévouement ne leur ai-je pas témoigné? A quelles inftitutions, quelles propofitions, quelles foufcriptions patriotiques n'ai-je pas donné mon affentiment & mon concours? Quel patriote a inutilement réclamé mon affiftance poffible, en quelque tems & en quelque efpèce d'affaire que ce foit? De quelles loix éminemment populaires n'ai-je pas vivement follicité l'exécution? Ai-je ceffé de demander la fuppreffion abfolue du régime féodal, que quand fa derniere racine a été arrachée? Quelle foule de pétitions & d'actes n'ai-je pas rédigés à cet effet? Je me fouviens que les préjugés étoient tels dans la fociété populaire elle-même, que voulant détruire celui qui faifoit refléter l'opprobre du condamné fur fa famille, malgré le décret de l'affemblée nationale; je ne pus me

* C

faire entendre qu'à l'abri du nom de Robefpierre , & en lifant, à la féance, un ouvrage qu'il a publié à ce fujet fous l'ancien régime ? Quelles peines n'a-t-il pas fallu pour empêcher que les premiers germes de l'efprit public ne fuffent étouffés par la *religion dominante*, pour s'oppofer à ce que l'action d'une police réglémentaire n'empêchât pas les premiers mouvemens libres du peuple , & pour que les loix eccléfiaftiques ne gênaffent plus en mille manieres fon induftrie & fes moyens de fubfiftances ? Quand il s'eft agi de préparer les efprits à la réformation du mode de conftater l'état civil , & de rendre à l'inftitution du mariage fa fimplicité primitive , aux deux époux leurs droits réciproques , trop long-tems méconnus, j'attefte qu'on ne peut fe faire une idée du traitement que je reçus. Il fembloit qu'on dût renverfer l'ordre focial , anéantir toute moralité , toute pudeur , détruire toutes les loix de la nature. Cependant je parlois avec une circonfpection extrême , je me contentois d'expofer les principes & leur développement néceffaire avec le plus de netteté & de clarté poffibles. Je ne puis faire connoître en détail toutes les circonftances où je me fuis montré en homme abfolument dévoué à la liberté. Il eft tel fait qui , en lui-même, eft & paroît fort peu de chofe , mais qui, fi l'on confidére l'efprit général du pays , les difficultés du moment, la foule d'obftacles qui s'oppofent à la propagation des principes , les innombrables & vigoureux préjugés qui dominent, fuffiroit feul pour établir le caractere d'un républicain , de telle forte qu'une faute qu'il auroit commife

devroit être couverte du voile de l'indulgence. Il est cons-
tant que mon attachement aux Jacobins a été invariable,
qu'aucune époque de la révolution ne m'a trouvé au-des-
fous d'elle, que je me suis toujours efforcé d'en précéder
& d'en suivre le char, que mes jours & mes nuits ont été
consacrés à la cause populaire, & qu'étranger à tout
calcul personnel, je me suis livré à la révolution comme
à une maîtresse, je n'ai vécu, je n'ai respiré, que pour
elle. Je pourrois parler de mes sacrifices pécuniaires. Je ne
possédois rien. Mon pere, dont la fortune est fort modi-
que, me donnoit quelque argent : je n'en ai fait aucune
réserve. Il n'y a pas eu, à ma connoissance, une quête,
un acte de bienfaisance, une souscription patriotique, où
je n'aye tâché de participer. J'ai reçu, comme administra-
teur du département, à-peu-près 1800 liv., il ne m'en est
presque rien resté. J'ai fait don de souliers, d'un habille-
ment complet; une autrefois de la moitié d'un habille-
ment, &c. Je pense, & j'ai toujours pensé, que l'argent
est trop peu de choseaux yeux d'un républicain, pour qu'il
puisse demander que dans les preuves de son civisme on
lui tienne compte des deniers qu'il a déposés dans le sein
du pauvre, ou dans la caisse de la république.

Je m'étois mis à la piste des écrits contre-révolutionnaires que je savois être connus à Nantes, & pouvoir
corrompre l'opinion, pour y répondre & en détruire les
funestes effets. Mais comme mes talens étoient fort
minces, à mesure qu'il paroissoit de bons ouvrages, j'en
proposois la lecture en tout ou partie, ou par extraits

à la société populaire. Je me rappelle entr'autres d'y avoir lu plusieurs fois le pere Gérard de Collot-d'Herbois, & des extraits des ouvrages de la Vicomterie. C'eut été peu si les colporteurs des papiers anti-civiques n'avoient été reconnus & dénoncés. Des prêtres irlandois étoient impunément les infatigables agens de l'aristocratie, & faisoient circuler dans le département le fanatisme & les écrits qui le fomentoient. Chaque jour je dévoilois quelques-unes de leurs manœuvres, utilement pour le peuple, mais à la vérité inutilement pour les dépositaires de l'autorité, puisque ce n'est qu'au renouvellement des corps administratifs, & après la proclamation de la République, que ces serpens étrangers ont été étouffés, mais trop tard. Ils avoient distillé des poisons mortels, & préparé l'affreuse guerre de la Vendée.

Qu'on interpelle Hardouïn de déclarer ce qu'il sait de mon civisme. C'est un brave montagnard, avantageusement connu dans la révolution. J'ai formé, entrepris, exécuté avec lui; Kermen, aujourd'hui membre du directoire de département, à Nantes, & Griffon aîné, quartier-maître d'un bataillon nantois, le projet d'un journal sous le titre de chronique du département de la Loire-Inférieure, ils peuvent attester avec quel désintéressement & quelle énergie, accapareurs, égoïstes, modérés, feuillans, royalistes, fanatiques, toute la horde des contre-révolutionnaires, y étoit livrée au mépris & à la haine publique.

J'atteste David, ce généreux & intrépide républicain. Il est venu à Nantes. Il peut rendre témoignage s'il ne

m'a pas connu, fous d'excellens rapports, & comme un
homme à la hauteur de toutes les circonftances révolutionnaires, fi mon inflexibilité républicaine, ma haine
pour les intrigans & les royaliftes n'ont pas été les titres
auxquels il a bien voulu me tendre une main fraternelle.

Fayau, avec qui j'ai étudié, m'a vu à Luçon, où la
fociété de Nantes m'avoit envoyé, & où fe réuniffoient
des membres de plufieurs fociétés populaires, afin d'appeller les regards de l'affemblée légiflative fur les grandes
mefures que néceffitoit l'état des départemens voifins
dévorés par le fanatifme. J'y rédigeai une pétition pour
la déportation des prêtres réfractaires. Je prie Fayau de
dire quelle a été ma conduite, quels ont été mes actes
dans les affemblées qu'il préfidoit d'une maniere fi républicaine. Nous converfâmes plufieurs fois enfemble dans
toute l'abondance du cœur. Je l'invite à déclarer s'il étoit
poffible d'avoir des fentimens & des principes plus purs
que les miens. Il m'a revu depuis, lors de fon paffage
à Nantes pour fe rendre à la convention, n'avois-je pas
toujours la même ferveur, le même dévouement ?

J'attefte encore Seveftre, repréfentant du peuple, &
Prigent, fecrétaire de Carrier, repréfentant délégué à
Nantes. La ville de Rennes étoit la proie d'une divifion
excitée par l'intrigue des quatre-vingt-neuviftes & de la
horde feuillantine. Seveftre, à la tête d'un petit nombre
de patriotes, avoit rompu tout pacte avec une fecte
d'autant plus dangereufe, qu'elle s'efforçoit de le paroître
moins. Mes affaires m'ayant appellé à Rennes, je joignis

mes efforts à ceux de Seveſtre & de Prigent. Je me dévouai comme eux avec la plus grande chaleur à la cauſe populaire, & la ſociété qu'ils avoient formée crut devoir me récompenſer de mes travaux en m'admettant, à l'unanimité, au nombre de ſes membres, quoique je fuſſe déja ſon affilié, & en exigeant le dépôt des énergiques diſcours que m'avoit dicté la haine du modérantiſme. Ils ſont ou conſignés ſur ſon procès-verbal, ou entre les mains de Prigent, & ils prouvent invinciblement mon dévouement abſolu à la révolution & aux principes révolutionnaires.

Cependant je n'avois point d'état ; j'avois fait à la révolution le ſacrifice du mien. Agé de vingt-deux à vingt-trois ans, j'étudiois en droit à Rennes au moment où l'aſſemblée nationale ſe conſtitua. Dès lors je fermai mes livres. J'eſpérois qu'on décréteroit la réforme de tout le ſyſtême judiciaire, la ſuppreſſion des avocats & des procureurs, un code civil, un code criminel, la faculté pour chacun d'être juge, arbitre, défenſeur de ſes concitoyens. L'aſſemblée nationale trompa les eſpérances des bons patriotes ; les noms changerent & les choſes reſterent à-peu-près les mêmes. Quoique mes principes fuſſent invariables & plus profondément que jamais gravés dans mon cœur, j'allai prendre mes lettres à Rennes. C'eſt alors que je connus plus particulierement Seveſtre. De retour à Nantes, je fus un de ceux qui déterminerent la ſociété populaire à établir dans ſon ſein un comité officieux, chargé d'agir pour

tous les patriotes & les pauvres qui réclameroient fes
fecours, & à inviter toutes les fociétés populaires à fuivre
un fi utile exemple: J'étois membre de ce comité. Notre
activité & notte défintéreffement nous mériterent plufieurs fois des marques de la reconnoiffance publique.
En mon particulier j'exerçois gratis & avec autant d'activité que me le permettoient des connoiffances fort
bornées ; & quoique mon induftrie me fût abfolument
improductive, & que mon intention bien décidée fût
d'exercer gratuitement, tant que mon pere me conti-
nueroit fes bontés, j'ai pris patente & payé cette con-
tribution à laquelle le ridicule efprit de corps a fait fe
fouftraire la très grande majorité des hommes de loi. Je
n'en continuois pas moins mes déclamations contre les
abus judiciaires, & je profitois de ma qualité d'homme
de loi pour porter au barreau des coups plus rudes &
plus décififs. J'étois, & je fuis plein de refpect pour ceux
de ce ci-devant ordre, qui ont confacré à la révolution leurs talens, & qui lui ont rendu, & lui rendent encore
tous les jours de fi éminens fervices. Mais il étoit aifé de
voir que beaucoup d'hommes de loi, dont le patriotifme
étoit d'ailleurs irréprochable, cherchoient à fe ménager
une branche particuliere de confidération, & à s'attri-
buer exclufivement la partie peut-être la plus importante
du pouvoir. Affurément en cette circonftance, comme
en toutes les autres, je ne confultois pas mon intérêt
perfonnel. Il eft inconteftable que le plus grand pas vers
la liberté publique, l'établiffement de l'egalité & du ré-

gime révolutionnaire, a été la faculté accordée à tous les citoyens de parvenir aux fonctions judiciaires. On ne peut se diffimuler que le barreau étoit de tous les corps le mieux conftitué & le plus dangereux, en ce qu'on fuppofoit à tous fes membres des talens & des vertus, un grand amour de la vérité & de la juftice, & que rien n'égaloit l'influence que leur donnoit cette dépendance néceffaire, où étoit la maffe des citoyens de leurs confeils & de leurs fecours. J'ofe dire, qu'ici j'ai donné la preuve d'un zele vraiment révolutionnaire; & qu'il m'a fallu braver bien des farcafmes, des haines & des dégoûts pour fapper des préjugés utiles à une claffe d'hommes qui jouiffoient d'un grand crédit, & dont la nation, encore abufée, croyoit ne pouvoir fe paffer.

C'eft auffi quand le trône étoit debout, quand la France étoit encore monarchifte, qu'avec un très-petit nombre de patriotes, j'ai ofé parler à Nantes de République, à l'époque de la fuite du tyran. Qui s'éleva avec plus de force contre l'horrible maffacre du Champ-de-Mars, & contre fes infâmes apologiftes, quoique la terreur qu'il infpira eut reflété fur tous les efprits, & condamné au filence plufieurs de ceux-là même qui paroiffoient le plus affermis dans les principes révolutionnaires? Depuis ce tems, ma haine vigoureufe contre la monarchie n'a pas été un feul inftant fufpendue. J'ai toujours regardé l'ombre du trône comme mortelle à la liberté; j'en ai continuellement efpéré, infatigablement demandé la chûte; & je fus chargé par la fociété populaire, peu de

jours

jours avant le 10 août, d'exprimer au tyran fon exécration, de le menacer de la colère du peuple & du
jour de la vengeance, d'appeller la foudre fur fon trône
& fur fa tête coupable. Alors le nombre des républicains étoit bien petit. Ils ne fe montroient pas, ceux
qui dans mon pays jactent le plus aujourd'hui leur civifme. Les patriotes étoient affreufement calomniés. Quels
affauts ne fallut-il pas foutenir pour la journée du 20 juin ?
Quelles violentes improbations ne trouva-t-elle pas ? Com
bien peu d'hommes dévoués ofoient fe mettre en avant
& s'oppofer aux contre-révolutionnaires & aux amis de
la conftitution de 1789 ? J'étois du nombre de ces op-
pofants, & on fait à Nantes que je n'étois pas un des
moins ardens. Je participai auffi à la foufcription qu'ou-
vrit la fociété pour accorder une fomme de 80 livres à
tout bon citoyen qui fe rendroit à Paris, & un de mes
freres s'empreffa de s'y rendre.

Tel eft le réfumé de ma conduite révolutionnaire ; rois,
nobles, prêtres réfractaires, modérés, feuillans, accapareurs, agioteurs, intrigans de toute efpece, voilà les
hommes que j'ai combattus pendant tout le cours de la
révolution, avec un zele infatigable, avec un dévouement fans réferve. Il m'eft permis encore de m'honorer
du patriotifme de toute ma famille. Nous étions fix frères ;
l'un d'eux eft mort en combattant contre les Efpagnols ;
un autre, cinq mois prifonnier à Beaupréau, après s'être
vigoureufement & fouvent battu, ne s'eft confervé la
vie qu'en aidant à l'ôter à fes infâmes gardiens, après

* D

avoir éprouvé la misere la plus affreuse & les périls les plus imminens ; un autre a fait toute la premiere campagne contre les Prussiens, &, depuis son retour à Nantes, il n'a cessé de porter les armes contre les brigands ; un autre, jeune architecte de la plus heureuse espérance, s'est aussi absolument dévoué à cette guerre. Le cinquieme est dans un des bataillons de Paris. Je ne sais ce qu'ils sont tous devenus. Je n'ai point de nouvelles de mon vieux pere, républicain excellent, non plus que de mes autres proches, & sur-tout de mes oncles, tous ardens révolutionnaires. Dès le principe de la guerre de la Vendée, Nantes étoit assiégé de toutes parts & réduit à ses propres forces qui, réunies, suffisoient à peine pour le défendre, & qu'il étoit impossible d'éparpiller. Les corps administratifs veulent faire connoître à la convention nationale la situation où ils se trouvent. Sur toutes les routes, aucun des couriers ne peut se procurer un passage. Il faut tenter celle de Paris, & si elle est impraticable, hasarder de remonter la riviere au-delà d'Ancenis. Qui se charge de cette périlleuse mission ? Crucy, mon oncle, que les brigands font prisonnier, & détiennent trois ou quatre mois à Saint-Florent, d'où il est délivré par la garde nationale d'Angers. Qui peut supposer qu'avec de pareils entours, indépendamment de mes principes si fortement prononcés, j'aye pu dévier d'une voie tracée où je n'avois à céder qu'à mon impulsion premiere ?

Que conclure de tout ce que je viens d'exposer ? que j'ai été un missionnaire entierement dévoué à la révolution,

& qui en ai infatigablement prêché tous les principes
fans intérêt perfonnel, & au contraire avec une entiere
abnégation de moi-même, fans intrigue, fans cabales
quelconques, fans vues directes ou indirectes d'ambition
ni d'avarice.

Ma conduite dans l'adminiftration de département où
le vœu du corps électoral m'avoit appellé à une place
du directoire, a été, j'ofe le dire, à l'abri de tout reproche. J'y ai porté toute l'affiduité que ma fanté m'a per-
mife, toute la laboriofité qui pouvoit fuppléer aux moyens.
J'y ai gardé les mêmes fentimens que j'avois manifeftés.
J'y ai rendu aux patriotes, ainfi que mes collegues, tous
les fervices qui ont dépendu de nous. Le peu de places
à notre nomination n'ont été données qu'à des citoyens
brûlans de patriotifme. Nous n'avons employé qu'à pro-
téger les patriotes & à comprimer les contre-révolutionnaires le pouvoir dont l'exercice nous étoit confié. Nos
mefures contre les émigrés ont été fingulierement actives.
Nous avions arrêté de ne donner de certificats de réfi-
dence qu'à ceux qui prouveroient qu'ils n'avoient point d'enfans émigrés ou qu'ils avoient payé l'indemnité prefcrite
par chaque enfant. Nous avons demandé que la tête
du tyran tombât; nous avons applaudi à fa mort. Notre
adreffe a été citée dans les débats de la convention; elle
a fourni contre la dangereufe mefure de l'appel au peuple
un vigoureux moyen d'oppofition. Il feroit trop long d'expofer ici la fituation du département de la Loire inférieure
qui recéloit tous les germes de la rebellion, où l'efprit

public étoit presque nul , où le nombre des patriotes étoit infiniment petit , où le fanatifme avoit exercé d'horribles ravages , où tous les efforts des adminiftrations fe réduifoient à exécuter matériellement les loix, fans avoir aucune prife fur le moral des adminiftrés , où l'on nous avoit laiffé un arriéré confidérable d'affaires particulieres , & où les objets d'adminiftration générale n'étoient pas moins arriérés. Nous fîmes ce que nous pûmes , & nous attendions les plus heureux effets de nos travaux affidus , lorfqu'une loi faite pour le falut de la République fit fe foulever tout-à-coup le département entier , hors le chef-lieu , la ville de Painbœuf, celle d'Ancenis & une partie du diftrict de Château-Briand. Cependant nous n'avions rien négligé pour enlever aux campagnes le levain de la fédition , pour en arracher les prêtres réfractaires qui y prêchoient fans ceffe , & malgré la furveillance la plus active, le royalifme , le maffacre des patriotes , la haine & le mépris des loix républicaines & la deftruction de la liberté. Nous avions promis, par un arrêté foumis à l'approbation de la convention , 50 liv. par prêtre qui nous feroit amené par les gendarmes & autres agens de la police. Mais telle étoit l'ardeur du fanatifme que cette mefure ne produifit que l'arreftation de cinq ou fix de ces fcélérats. Nous avions demandé à la convention une loi qui prononçât la peine des fers , de confifcation des biens en tout ou partie, ou toute autre peine plus grave , contre quiconque recéleroit un prêtre réfractaire. Nous avions , malgré de vives réclamations, maintenu les patriotes dans les fonc-

tions publiques. Nous avions ordonné à tout noble devenir réſider au chef-lieu, dans un délai déterminé, &
de s'y faire enregiſtrer, afin que ſa préſence pût être jour-
nellement conſtatée. Huit jours plus tard, & nos meſures
étouffoient peut-être dans le département le germe de
la rebellion, ou du moins nous en affoibliſſions conſi-
dérablement les effets. Dès le premier mouvement
nous ne nous ſommes pas contentés d'agir avec la plus
grande vigueur, nous avons provoqué des ſecours par
des pétitions & des démarches réitérées, & toutes plus
inſtantes les unes que les autres. Qu'on ſe figure la ville
de Nantes oppoſant quatre ou cinq mille hommes armés à
près de cent mille révoltés qui la cernoient de tous côtés,
& qui venoient faire le coup de fuſil juſques dans ſes faux-
bourgs ; privée de toute correſpondance & de tout moyen
de correſpondre, incertaine ſi le fanatiſme n'avoit pas commis ailleurs les mêmes excès, voyant croître chaque jour
inutilement le nombre de ſes morts & de ſes bleſſés, in-
quiette pour ſes ſubſiſtances, dont elle n'étoit fournie que
pour quelques mois, abandonnant l'opinion aux vagues de
mille incertitudes, & n'offrant au républicain que le
ſpectacle le plus effrayant, ſoit par rapport aux patriotes,
que les épouvantables maſſacres de Machecoul avoient
conſternés, & qui ſe voyoient circonvenus de tous les
moyens poſſibles de découragement, ſoit par rapport aux
ennemis publics qui cherchoient à y faire fermenter les
paſſions contre-révolutionnaires pour la livrer aux brigands! Nous commençâmes par mettre la main ſur tous

les hommes fufpeﬅs, & , tant qu'il a dépendu de nous,
ils ont été féverement détenus. Si Couﬅard en mit en
liberté , ﬁ le commandant temporaire érigea une com-
miﬃon qui le chargea d'arrêter & de relâcher , ce fut
fans confulter les adminiﬅrateurs , contre leur con-
fentement, & abfolument contre leurs principes, que
leur conduite antérieure faifoit connoître ﬁ clairement.
Nous avons excité, par les plus vifs encouragemens, la
furveillance des républicains. Nous penfâmes qu'un dévouement abfolu étoit néceﬀaire; que nous devions
fpécialement appeller fur nos têtes toute l'exécration
des brigands. Nous nous préfentâmes fur les places publiques, nous haranguâmes les citoyens , nous fîmes
paﬀer dans leur ame la juﬅe exécration que nous inf-
piroit des rébelles., nous détruisîmes tous les bruits que
l'ariﬅocratie faifoit circuler, & les applaudiﬀemens du
peuple, dont nous émmûes la fenfibilité, nous garan-
tirent le falut d'une ville ﬁ néceﬀaire à la République.
J'eus l'avantage de porter une fois la parole. Cette mefure étoit urgente ; je me féliciterai toujours d'y avoir
été pour quelque chofe, & le grand effet qu'elle produi-
ﬁt, les larmes qu'elle fit répandre , l'ardeur qu'elle excita,
font honneur au dévouement des adminiﬅrations. Auﬃ
les brigands & leurs complices nous exécroient-ils; chaque
jour on nous apportoit d'affreufes lettres anonymes. Ce
n'étoit qu'en vomiﬀant mille imprécations contre nous,
qu'on obtenoit la bienveillance des brigands. On peut
confulter là-deﬀus le citoyen le Coq, aﬅuellement membre

du tribunal révolutionnaire à Nantes, renvoyé par les
brigands avec ses effets, & qui a déclaré lui-même aux administrations, que les têtes des citoyens qui les compo-
soient étoient proscrites, & qu'il n'avoit pourvu à sa con-
servation, qu'en disant de nous mille horreurs, & en
invoquant contre nous la mort. Cette haine implacable
des brigands ne fait-elle pas notre juste éloge ? Peut-il
se voir apologie de notre républicanisme plus irrécusable ?
Nous fûmes obligés de prendre des mesures très-fortes ;
nous fîmes suivre les corps armés d'une commission mili-
taire ; nous mîmes en pleine activité le tribunal ; c'est en
ce tems, que se forma le tribunal révolutionnaire, à
l'institution duquel nous donnâmes les plus vifs applau-
dissemens. L'instrument de mort fut sans cesse exposé à
la vue, afin qu'une juste terreur contînt les traîtres, ou
ceux qui voudroient le devenir : un embargo fut
mis sur les corsaires ; des armes furent achetées ; un zele
ardent & infatigable s'efforçoit de pourvoir à tout. Comme
il falloit réunir tous les moyens & toutes les forces, gar-
der le secret des opérations, agir avec vigueur & promp-
titude, un comité central composé de cinq membres,
fut investi du pouvoir. La convention nationale approuva
notre conduite. Elle a décrété trois fois que nous avons
bien mérité de la patrie. Il n'étoit aucun de nous, dont
toute la famille, tous les amis, ne portassent les armes.
Les brigands firent proposer un échange de prisonniers.
Cette démarche insidieuse parut d'abord avoir l'effet qu'ils
en pouvoient attendre. Sous prétexte d'humanité, de

fraternité , de pitié , l'opinion sembla appuyer cette demande. Les meres, les époufes , dont l'influence eft fi dangereufe quand elles n'ont pas la force d'immoler. leurs affections à la patrie , en étoient les foutiens décidés. Malgré notre intérêt perfonnel, puifque plufieurs de nous portoient les armes; malgré l'intérêt bien évident de nos familles, les gémiffemens d'un grand nombre de citoyens, & les murmures violents qui éclaterent, nous déclarâmes à l'unanimité que nous ne traitions point avec des ré-belles. Après la prife de Saumur , nous montrâmes d'au-tant plus de courage, qu'il y avoit plus de raifon d'être dé-couragé. Réfolus à nous enfevelir fous les ruines de Nantes, pleins d'indignation contre les lâches adminiftrateurs qui avoient craint de mourir à leur pofte, & qui, dans une ville voifine, l'avoient honteufement déferté , nous fîmes partir en hâte des commiffaires qui, de toutes parts, fol-licitoient des fecours, nous députâmes vers les repréfen-tans du peuple à l'Orient ; nous autorifâmes quatre mem-bres de la fociété populaire à fe rendre à la convention, pour l'inviter à imprimer un grand mouvement aux dé-partemens voifins de la Vendée, à l'effet de chaffer du moins l'ennemi de notre ville, fi nous étions morts en la défendant. Les commiffaires furent admis à la barre ; ils y rendirent hommage au nom de la ville de Nantes , aux grandes journées des 30 & 31 mai. Le département les a-t-il démentis? Avons-nous cherché à affoiblir l'influence que pouvoit & devoit avoir fur l'opinion de la République une déclaration fi formelle au nom de la commune de

Nantes,

Nantes? Cela ne prouve-t-il pas clairement que, si nous pouvions être un instant hors de mesure, c'étoit forcément, & que nous saisissions avec un plaisir vif, toute occasion d'y rentrer? Quels efforts n'avons-nous pas faits pour conserver à la République des subsistances, pour les arracher aux flammes ou à l'ennemi? Avec quel zele n'a pas travaillé la commission créée par vous à cet effet? N'avons-nous pas encore créé une commission des armes qui, avec les plus petits moyens & l'activité la plus soutenue, a fourni plus de six mille fusils? J'en étois membre, & je prie mes anciens collegues de déclarer quels leur ont paru mes sentimens & mes principes, tant que j'ai travaillé avec eux. Quelle n'a pas été notre surveillance sur toutes les parties de l'administration? Quels abus n'avons-nous pas attaqués, ou dénoncés, ou réformés avec courage, même lorsque l'opinion flattant, pour-ainsi-dire, d'avance nos successeurs, commençoit à nous témoigner moins la justice, qu'elle ne pouvoit se refuser à nous rendre. N'avions-nous pas, avant qu'aucune autre partie de la République se fût occupée de la recherche & de la fabrication du salpêtre, organisé une commission qui promettoit d'en fournir une quantité indubitablement considérable dans un pays où il n'y avoit point de salpêtrier, commission qui alloit se mettre en pleine activité au moment où nous sommes devenus simples citoyens? Si nous avions été hommes de parti, révolutionnaires hypocrites, infâmes amis ou lâches ennemis du tyran, de la royauté & des royalistes, aurions-nous rendu & fait rendre dans toute l'étendue du dé-

* E

partement, à Michel Lepelletier, des honneurs funèbres dignes de la repréſentation nationale, & de la cauſe pour laquelle il étoit mort ? Avant & depuis le cinq juillet, n'avons-nous pas pris une foule d'arrêtés, tous approuvés par la convention, par les repréſentans délégués, par le conſeil exécutif proviſoire. Nos proclamations contre les royaliſtes, nos profeſſions de foi républicaines très-ſouvent renouvellées, n'ont-elles pas couvert les murs de toutes nos communes ? A chaque péril imminent qui a menacé la ville, à chaque revers des troupes républicaines, n'avons-nous pas mis ſous les yeux des citoyens, la loi qui frapperoit de mort quiconque parleroit de ſe rendre ? N'avons-nous pas placardé à tous les coins des rues cette proclamation terrible, au riſque de tous les dangers, tant extérieurs qu'intérieurs qu'elle pouvoit attirer ſur nous ? Je conviens que nous avons fait notre devoir, & je veux auſſi n'en prétendre aucun mérite. Mais un grand nombre de ces actes nous étoient-ils preſcrits par la loi ? N'étoient-ils pas la franche effuſion de nos cœurs, l'expreſſion vraie des ſentimens dont nous étions pénétrés, la manifeſta-tion des principes auxquels nous étions attachés invin-ciblement, & qui nous avoient fait honorer du ſuffrage de nos concitoyens ?

Au moment où le ſyſtême d'un dangereux modérantiſme ſembloit avoir le plus de partiſans, je fis à la ſociété populai-re, ſéante au quartier général, une propoſition qui fut très-froidement accueillie & ajournée. Cependant, elle étoit fon-dée en politique & en juſtice; d'ailleurs, ſi elle étoit erronée, elle ne pouvoit avoir aucun inconvénient, puifqu'elle étoit foumife à la convention nationale. Chaque jour, l'ame plus contriftée des excès commis par les brigands & par les prêtres réfractaires qui les dirigeoient, je voyois avec dou-leur que la réclufion dérobât à la vengeance des loix, les hommes atroces qui n'avoient pu être déportés, & qu'ils jouîffent en paix du fruit de leurs crimes, & de l'efpérance de les voir bientôt confommés. Je confidé-rois que la Vendée étoit une mine creufée par eux, dont un grand nombre s'étoit éloigné; mais à laquelle ils avoient attaché une longue mèche, où ils pouvoient toujours mettre le feu, enforte que les maux horribles qui étoient réfultés de fon explofion, n'étoient imputables qu'à eux feuls. Je penfois qu'une confpiration n'eft pas un acte inftantané, irréfléchi, fubféquent à la loi qui le défend, & qui puiffe fe couvrir pour fa juftification du trop de liberté que cette même loi a pu laiffer de le commettre; mais que Louis Capet & fa famille, les émigrés & les prêtres réfractaires, & tous ceux qui ont fervi les projets liberticides de la cour, étoient, dès le principe, de véritables confpirateurs qui avoient tout mis à profit pour le fuccès de leurs trames, & qui étoient d'autant plus félérats, qu'ils abufoient des droits facrés du peuple pour les détruire. Cependant j'ob-fervois qu'il ne falloit pas confondre avec les coupables, des hommes égarés & de bonne-foi, qui, quoiqu'ayant une opinion dangereufe, n'avoient pas commis d'actes contre-révolutionnaires. En conféquence, je propofois que la fociété populaire adrefsât à la convention nationale

une pétition ; pour que tous les prêtres réfractaires qui
feroient convaincus d'avoir infecté de fanatifme & de royalifme les paroiffes où ils avoient exercés des fonctions publiques , fuffent traités comme confpirareurs & comme
auteurs de la guerre de la Vendée. Je ne fais fi ma propo-
fition a eu des fuites ; mais j'ai fait mon devoir de bon
citoyen. Cet acte prouve bien évidemment que mes principes étoient toujours les mêmes , & que mon énergie
républicaine n'avoit fléchi en rien.

Que Fouché & Villers , qui ont été délégués à Nantes ,
foient priés de dire ce qu'ils y ont vu , ce qu'ils y ont
recueilli. N'ont-ils pas déclaré , dans leur rapport , que les
adminiftrations de Nantes étoient à la hauteur , & méri-
toient , à jufte titre , toute la confiance de la convention ?
Fouché qui épanchoit fon cœur dans le mien , l'a vu à
fond , & l'a vu pénétré de républicanifme. Sachant que
je n'étois jamais allé à Paris ; que je m'occupois uniquement
de mes devoirs d'adminiftrateur ; que ces devoirs étoient
fi étendus , qu'ils ne me laiffoient pas le tems de jetter un
œil rapide fur les papiers publics ; (& quels papiers publics ,
fans en excepter un feul ! des poifons circulans) que ces
mêmes papiers avoient été fi long-tems fans nous parvenir ; qu'il étoit inévitable que nous ignoraffions la fuite
des affaires ; que les couriers étoient fouvent retardés ,
ce qui mettoit l'opinion dans un état de fluctuation , &
ouvroit le champ à la calomnie & à l'intrigue ; qu'au moment où cette même intrigue faifoit jouer tous fes refforts
dans des fens oppofés & croifés en cent façons , où toutes

les paſſions étoient en mouvement, des ames franches
éloignées de plus de cent lieues du centre des événemens,
& au milieu des orages, s'attachant aux principes comme à
une planche ſalutaire, pouvoient être un moment pouſſées
au delà de leur véritable direction par une agitation irré-
ſiſtible ; Fouché me dit en propres termes, qu'il ne ſeroit
pas étrange que je puſſe être trompé ſur les affaires de
Paris. Joignez à cela l'influence de l'opinion publique.
Il eſt certain qu'elle étoit abſolument indépendante des
adminiſtrations, & que, par ſon action continue, elle a
fini par les entraîner. Qu'on ſe rappelle l'état de la France
à cette époque, & ſur-tout la ſituation particulière de
la ville de Nantes. Elle venoit de ſoutenir un ſiége infiniment glorieux pour elle, & très-funeſte aux brigands.
Cet acte qui ſignaloit ſon ardent amour pour la République, & qui lui avoit coûté un grand nombre d'excellens
citoyens, lui avoit rendu plus odieux encore, s'il étoit
poſſible, les royaliſtes. On faiſoit circuler *mille* bruits,
tous plus étranges & plus décevans les uns que les autres.
Les correſpondances particulieres étoient extrêmement
actives & animées ; & c'étoit à qui répandroit les aſſertions
les plus trompeuſes. Ce ne fut qu'après avoir long-tems
porté ſeule tout le poids de la guerre, que Nantes parvint à
obtenir des ſecours. On lui envoya d'abord des états-majors
ſans bataillons, & l'armée devenue lentement aſſez forte,
pour, ſous les ordres d'un général habile, couvrir, comme
elle a en effet couvert les départemens de la ci-devant

Bretagne, ne l'étoit pas affez pour porter un coup déci-
fif à la Vendée. On ignoroit abfolument ce qui fe paffoit
aux Sables, à la Rochelle, à Niort, à Angers; & les
inquiétudes fur la prolongation de la guerre étoient d'autant plus vives, qu'on favoit que le général Biron étoit
à la tête d'une armée nombreufe, dont l'inaction ne pouvoit qu'être utile aux Vendéens. Les adminiftrations con-
vaincues de la néceffité d'agir & d'agir en maffe, voyant
avec douleur qu'aucunes opérations n'étoient combinées,
& que cependant le concours de toutes les forces & de
tous les moyens étoit effentiel, envoyèrent deux de leurs
membres vers Biron & Ronfin qui les reçurent de la maniere la plus froide, & en hommes qui n'avoient pas à
cœur les intérêts de la République. On difoit déjà de
Biron qu'il étoit un traître; des lettres particulieres de
Niort l'accufoient de favorifer les brigands. L'accueil
qu'il avoit fait aux adminiftrateurs, confirma ce bruit,
& Ronfin fut également foupçonné de perfidie. Malheu-
reufement l'opinion ne fut pas s'arrêter, elle s'appuyoit
fur ce principe, que, pouvoir détruire la Vendée & ne
le pas faire, c'étoit en être complice, par conféquent,
elle imputoit des projets royaliftes à des hommes qu'on
auroit dû en foupçonner le moins. On penfoit qu'il exiftoit
un parti qui fomentoit la guerre de la Vendée, parce
qu'elle lui étoit lucrative, & il s'eft trouvé que les hommes
foupçonnés ont été précifément ceux dont les comités de
falut public & de fûreté générale ont déjoué les affreux

complots. On difoit encore qu'il y avoit un projet de relever le trône, d'y placer le petit Capet, & de faire Danton régent. Des lettres de Breft l'annonçoient affirmativement, & comme d'après des preuves claires & évidentes; mais ce qui contribua davantage à égarer, ce fut l'arreftation que fit la municipalité de deux commffaires munis de pouvoirs de Ronfin, qui par leurs difcours cherchoient à provoquer dans Nantes des mouvemens qui ne pouvoient qu'être funeftes à la République, & fur qui furent trouvées des cartes aux armes de l'empereur & du tyran de la Pruffe, lefquelles leur avoient fervi de fauf-conduit pour parcourir fûrement la Vendée. L'erreur qui réfultoit de ces faits, fi honorable par fon motif, eft bien excufable, fi l'on confidere que depuis plufieurs mois déja le département de la Loire-Inférieure étoit le théâtre du plus affreux brigandage, que le plus grand nombre des familles étoient dans le deuil, que toutes les fortunes étoient détruites, & que la fureur des royaliftes méditoit également la mifere publique & particuliere. Il étoit clair que Nantes étoit devenue, par les circonftances, un des boulevards de la République. On affuroit pofitivement que les départemens voifins qui y avoient envoyé des forces fans lefquelles on ne pouvoit répondre du falut de cette ville importante, devoient, fi on ne partageoit pas leur opinion, retirer les bataillons qui avoient contribué fi éminemment à la défaite des brigands. Nous ignorions l'infamie de Bordeaux qui avoit rappellé deux bataillons, & fi elle eut été connue, rien n'eut été plus vif que la crainte de voir imiter ce funeste exemple. Nous étions loin d'y applaudir, puisque nous prenions une marche directement opposée. Pendant ce tems, des commissaires répandus dans les départemens voisins, sollicitoient la levée & l'envoi précipité de nouvelles phalanges contre la Vendée. On a prétendu, pour nous inculper, que cette assertion étoit un moyen d'intrigue. En admettant cette supposition, le reproche ne pourroit en être fait qu'à celui qui l'a employé, & à ceux qu'il a mis dans son secret: ce n'est assurément pas moi. Je doute même que l'auteur ou l'écho de ce fait qui devoit avoir une telle influence sur la délibération, ait été un seul instant persécuté. Ma profonde douleur m'a trop éloigné de cette époque, & les maux horribles que j'ai éprouvés sur la route ont trop affoibli ma mémoire pour que je puisse rien affirmer de positif. Cependant j'ai tout lieu de penser qu'il avoit dit la vérité. On a mieux aimé la nier que la chercher ; on savoit bien qu'on pouvoit m'inculper (quoique calomnieusement) par la négation, & je ne pouvois manquer d'être justifié par la recherche: mais on craignoit vraisemblablement que cette recherche ne tournât au préjudice de quelqu'un à qui on ne vouloit pas nuire. Je reviens aux moyens de déception. On rappelloit avec complaisance, & on ne manquoit point d'exagérer, même d'imaginer des actes arbitraires, des violences, des rapines dont s'étoient engraissés des hommes *influen ts*,

qui

qui fe font à-la-fois démafqués, & que la convention
vient de faire punir. On ne pouvoit croire à un républicanifme qui n'afpiroit que des richeffes & qui étaloit
le luxe fcandaleux de l'ancien régime. Des repréfentans
fugitifs & perfides accréditoient, exagéroient tout ce qui
pouvoit tendre à faire dévier l'opinion, & la calomnie
n'étoit pas épargnée. Des envoyés d'autres départemens
vociféroient d'infidieux menfonges ; on n'imagine pas de
quel voile épais la vérité fut couverte. Ceux mêmes qui
pouvoient détromper l'opinion, ceux qui avoient des
renfeignemens particuliers, les tenoient cachés ; il fembloit
qu'il n'y eut plus de républicains que ces patriotes égarés,
dont les actes irréfléchis & involontaires pouvoient compromettre la République, ou ces hypocrites pervers qui
difféminant par-tout l'erreur, méditoient le retour du
royalifme. Il y avoit prefque unanimité dans l'opinion :
les déplorables victimes des brigands, ceux qui ne s'étoient
dérobés que par une fuite précipitée à leurs poignards,
& qui ne refpiroient contre eux que la vengeance, étoient
les plus ardens, aveuglés qu'ils étoient par leur patriotifme, à fervir des deffeins dont ils ne connoiffoient pas,
& dont il étoit impoffible de connoître le danger. L'oppofition de quelques hommes, dont le civifme avoit toujours été très - douteux, compléta l'aveuglement. Mais
pour comble de malheur, on dénonça un complot qui
avoit pour objet de livrer Nantes aux brigands ; on en
accufa les repréfentans du peuple & le général en chef,

* F

& ce complot fembloit avoir des caracteres de vraifem-
blance. Une quantité confidérable de poudre avoit, difoit-
on, été laiffée à Bain, fur la route de Rennes, quoiqu'on eût
pû, fans obftacle & fans danger, la conduire à Nantes. On
affuroit qu'elle y avoit été expofée 3 jours, fans précaution
& prefque fans forces pour la défendre; que c'étoit l'ouvrage
du chef de l'état-major, que cet acte rendoit d'autant
plus fufpect, qu'il affectoit le patriotifme le plus exalté.
Et à quelle époque avoit-on commis cette inconcevable
negligence ? Précifément dans le même tems où les
brigands, après avoir pris Saumur & Angers, marchoient
fur Nantes & s'emparoient de la route de Rennes. Le
commandant temporaire & fon adjoint, appuyés du
témoignage d'hommes connus par leur dévouement à la
République, déclarerent qu'ils étoient inftruits qu'on
avoit voulu livrer Nantes en l'abandonnant, citerent des
faits, firent valoir habilement des moyens fpécieux, &
entrerent dans les plus petits détails.

Etoit - il poffible , à moins qu'on eût abjuré tout
fentiment républicain, de ne pas reffentir de l'indignation contre les auteurs prétendus de ce projet ? On
voit qu'à tous les moyens généraux de déception , s'en
joignoient de particuliers pour les citoyens de Nantes,
& après les avoir tous rapprochés, fans même leur donner
le développement, dont ils font fufceptibles, & en n'en
faifant connoître qu'une partie, il eft inconteftable que

ſi le département de la Loire-Inférieure a été celui de tous où ces moyens ont été le plus nombreux, & ont dû produire plus d'effet, il eſt cependant celui où l'erreur a eu les ſuites les moins ſuſceptibles d'être apperçues, car elles ont été abſolument inſenſibles. L'erreur ſera-t-elle donc punie comme le crime, & l'homme trompé comme le trompeur? Si un acte eſt repréhenſible, & que l'intention en puiſſe être parfaitement bien juſtifiée, n'eſt-il pas évident qu'il n'y a plus de coupable? Les adminiſtrateurs de Nantes peuvent-ils être confondus avec d'infâmes ſcélérats qui ont oublié qu'ils étoient François, qui ont appellé l'étranger, ont fait du Midi une Vendée nouvelle, préparé, voulu le retour du royaliſme, excité à l'aſſaſſinat des repréſentans du peuple, &, ſous prétexte de maintenir l'unité & l'intégralité du corps repréſentatif, en expulſer ceux que leurs haines déſignoient aux poignards? Si les fédéraliſtes ſont les complices, les agens des puiſſances coaliſées, les vils ſatellites de ces Capets qui traînent aujourd'hui dans l'Europe leur opprobrieuſe exiſtence, en un mot, les amis ſecrets ou déclarés de l'ancien régime, nous ne ſommes point fédéraliſtes. Tout ce que j'ai déja dit en eſt la preuve inconteſtable. Nous avons demandé, applaudi la mort du tyran, & pourſuivi ſes complices avec toute la rigueur des loix. A toutes les époques de la guerre nous nous ſommes montrés dignes de la République, & n'avons rien négligé pour inspirer à nos concitoyens de l'enthousiasme & du courage. Si les fédéralistes sont les fauteurs, les complices & les fomentateurs de la guerre de la Vendée, nous ne sommes point fédéralistes. Nous avons fait collectivement, & en particulier, tout ce qui a dépendu de nous contre les brigands, & nous étions les premieres victimes désignées à leurs fureurs. Si les fédéralistes sont les complices de d'Orléans, nous ne sommes point fédéralistes ; nous avons prié la convention nationale de prendre, contre la famille des Capets, des mesures propres à extirper jusqu'au dernier germe du royalisme. Si les fédéralistes sont ceux qui ont voulu relever le trône en y plaçant un étranger, nous ne sommes point fédéralistes. Qui hait la royauté n'aime pas les rois. Nous avons reçu avec enthousiasme le décret qui prononce la peine de mort contre quiconque osera proposer un roi ; & c'est la force de cette haine qui a exaspéré nos esprits, exagéré nos craintes, & préparé notre erreur. En mon particulier j'ai donné toutes les preuves possibles de mon exécration pour la royauté, & de mon dévouement à la république démocratique. Si les fédéralistes sont ceux qui ont voulu rompre l'unité républicaine, en méditant, soit une division du territoire, soit une isolation des départemens les uns des autres, en partiellisant l'action du gouvernement, en voulant se séparer de la convention nationale, nous ne sommes point fédéralistes. Nous avons toujours eu, toujours hautement manifefté, pour la convention le plus profond refpeét; nous l'avons toujours regardée comme le centre de la République, & rien n'a égalé l'étendue & la fincérité de notre vénération pour elle. Nous avons toujours prêché fidélité, obéiffance à fes décrets; nous les avons toujours exécutés. Nous avons dit & penfé qu'il n'y avoit que la plus étrange démence, ou la plus affreufe fcélérateffe, qui pût porter atteinte à l'unité de la République, & que les avantages de la révolution devant être en raifon des charges, les départemens ne devoient pas envier à la cité révolutionnaire les heureux réfultats d'une bienveillance plus prochaine, parce que, fi le pere de famille porte également dans fon cœur tous fes enfans, ceux qui ont le bonheur de jouir de fa préfence, en reçoivent néceffairement des égards particuliers qui n'ôtent rien aux droits légitimes de ceux qui font éloignés. Si les fédéraliftes font ceux qui ont tenté de femer la divifion & la difcorde dans les efprits, nous ne fommes point fédéraliftes. Il eft abfolument impoffible de prouver que nous ayons voulu en aucune maniere influencer l'opinion publique, & que nous ayons fait ufage d'aucun moyen pour faire prévaloir celle qui nous étoit imputée. Quant à moi, perfuadé & convaincu de la bonne-foi & du civifme des citoyens qui paroiffoient le plus oppofés, je les ai invités à abjurer tout efprit de parti, à confondre, dans l'amour du bien public, leurs affections particulieres, à

ſe réunir contre les royaliſtes, leurs ennemis communs,
& contre les brigands de la Vendée. Lorſque Fouché,
repréſentant du peuple, délégué à Nantes, fut en ſon
abſence accuſé, à la ſociété de la halle, d'être un maratiſte,
un homme ſanguinaire, un prédicateur de loi agraire,
&c. n'étois-je pas du petit nombre de ceux qui eurent le
courage de prendre ſa défenſe, malgré la vivacité des pré-
-ventions? Et l'homme qui oublioit ce qu'il devoit au repréſentant du peuple & à un citoyen dont les ſentimens
& les principes révolutionnaires ont toujours été purs &
irréprochables, n'a pas je crois été même inquiété. Chaque
fois qu'un patriote a été calomnié devant moi, n'ai-je
pas mis la même vivacité, le même zele, à repouſſer ces
inculpations? Si les fédéraliſtes ſont ceux qui n'ont pas
accepté la conſtitution, ou qui ne l'ont pas acceptée de
bonne-foi, qui n'ont point abjuré leur erreur, qui ne ſe
ſont pas empreſſés de la réparer, qui n'ont pas deſiré que
la convention nationale reſtât à ſon poſte, qu'elle ne pouvoit & ne peut quitter ſans compromettre eſſentiellement
le ſalut de la République, nous ne ſommes point fédéraliſtes. Nous nous ſommes rétractés avant le délai preſcrit
par la loi. La convention eſt à peine inſtruite de notre
arrêté, qu'elle en apprend, dans la même ſéance, la rétractation. Il ne me falloit que nous avertir que, ſans le ſavoir
ni le vouloir, nous pouvions un ſeul inſtant nuire à la
République, pour nous trouver prêts à la plus entiere

obéiffance. Cette docilité eft bien le caractère de la bonne-
foi. Notre rétractation étoit fi franche, l'intrigue & l'ambition nous étoient tellement étrangeres, que nous par-
lâmes aux repréfentans du peuple du projet que nous
avions formé & que nous foumîmes à leur fageffe, de
donner notre démiffion. Ils nous invitèrent à n'en rien
faire. Il leur fembla que nous n'étions pas dans le cas de la
deftitution. Ils nous dirent que l'intérêt national exigeoit
que nous reftaffions à notre pofte. Ils reconnurent que nous le
rempliffions en républicains, en hommes populaires. Qu'oppofer à ce décret, qui ne reconnoiffoit de coupables que
ceux qui perfifteroient, & qui ne regardoit que comme des
républicains égarés ceux qui enverroient leur rétractation?
Ne l'avons-nous pas fait, avant même que le décret nous
fût officiellement connu ? A-t-on pu penfer que la convention nationale applaudiroit à la violation d'une loi
folemnelle, fi conforme à la raifon & à la juftice? A-t-on
traité avec la même rigueur les adminiftrations qui fe
font rétractées comme nous, dans d'autres départemens?
Etoient-elles auffi irréprochables, n'avoient-elles pas fait
plus, avoient-elles les mêmes moyens de déception,
avoient-elles rendu plus de fervices que nous? Enfin, les
fédéraliftes ne fe font-ils pas caractérifés par leur haine,
leurs perfécutions, contre les patriotes, & quelquefois par
leurs fureurs? Au contraire, nous les avons toujours aimés
comme nos freres, parce qu'ils l'étoient, ils n'ont point
eu à fe plaindre de nous. Quoique quelques-uns fe per-

miſſent à notre égard des calomnies, nous n'en avons
conſidéré que le motif; & uniquement déterminés par l'a-
mour de la patrie, nous avons ſenti qu'il étoit doux de
ſouffrir pour elle, & d'excuſer des erreurs nées du deſir
de la ſervir. Ainſi, plus nous avions de droits à l'indulgence, plus nous avons éprouvé de rigueur. Cinq ou ſix
ont été chargés de répondre du délit commun, & ceux
qui ne ſe fioient pas aſſez ſur leur conſcience ou qui crai-
gnoient leur foibleſſe, ont applaudi à un choix qui diſſi-
poit leurs inquiétudes. Ils ont penſé qu'il étoit bon que
quelques-uns ſouffriſſent pour tous. Ils ont gardé un
ſilence fondé ſur leur intérêt. Ils ont menti à leur conſcience, à l'opinion publique, à la repréſentation nationale. Ils ont ou chargé calomnieuſement, ou ſouffert
qu'on chargeât calomnieuſement, leurs collegues. Ils ont
marchandé leur tranquillité au prix de notre ſûreté; &
comme autrefois un bouc émiſſaire étoit chargé de toutes
les iniquités d'Iſraël, ils ont dépoſé leurs erreurs ſur nos
têtes. Cependant qu'avons-nous à nous reprocher, qu'ils
ne ſe reprochent eux-mêmes? Qu'avons-nous fait qu'ils
n'ayent pas fait? Et quelques-uns n'ont-ils pas encore fait
plus que nous, & pourroit-ils préſenter le tableau d'une
vie patriotique comme celle que je viens de retracer?
J'ai vu l'unanimité parfaite, & je n'ai vu, ni violence, ni
contrainte, ni influence, ſinon celle dont j'ai déja parlé,
Aux cris de vive la République Françoiſe, une & indivi-
ſible, avec le ſentiment d'avoir fait & voulu le bien, tous

ſe

fe font éga'ement trompés, & chacun a participé également à l'erreur de tous. Et plufieurs de ceux qui ont
allégué leur prétendue ignorance des affaires, qui ont
intrigué auprès des hommes en place, qui ont facrifié à
leur intérêt toute fraternité, toute vérité, toute juftice,
étoient précifément ceux qui montroient le plus de chaleur. Quels principes, quel examen, quelles preuves ont
déterminé la divifion en trois claffes des adminiftrateurs
de Nantes ? Eft-ce fur le degré de l'erreur qu'on les a
jugés ? En ce cas, il en eft qui ne devroient pas être ici,
à fuppofer qu'il dût y en avoir, & d'autres devroient y
être. A qui peut-on perfuader que des hommes, auxquels
on a depuis confié d'importans emplois, ou auxquels on
les a confervés, étoient fufceptibles d'avoir été influen-
cés autrement que par la force irréfiftible des chofes, &
qu'ils étoient par conféquent des hommes ineptes & lâches, des hommes indignes de la République, & qui
voyoient, fans prendre fa défenfe, un acte capable de la
compromettre ? Qui étoit plus opiniâtre, plus ardent,
& même plus influent par toutes les vertus républicaines
que quelques-uns d'eux ? Pourquoi Phelippes, Lepeley,
Clavier aîné, Breger, Leminihy, Gédouïn, David, Ba-
chelier, Gaudin, &c. font-ils ou juges au tribunal révolutionnaire, ou membres du comité de furveillance,
ou juges de diftrict ? Pourquoi, fi nous fommes détenus,
les autres font-ils libres ? S'il eut été injufte de les punir,
comme cela eft évident, je fuis donc une victime de

l'injuſtice & de haines particulieres que je n'ai aſſurément point méritées, & dont l'acharnement eſt inconcevable. Près de trois mois ſe ſont écoulés depuis notre rétractation juſqu'à notre remplacement. Qu'on examine la conduite que nous avons tenue pendant ces trois mois. Nous avons adminiſtré avec une telle énergie, avec une ſi grande activité, que les repréſentans du peuple ont été quelquefois étonnés de la rapidité de l'exécution de leurs ordres. Deux armées nombreuſes étoient à Nantes & dans ſes environs. Mille embarras, de toute eſpèce, indépendans du cours ordinaire des affaires, s'élevoient autour de nous. Notre zele a ſurmonté tous les obſtacles. On ſeroit étonné du nombre de nos actes révolutionnaires, ſi j'en pouvois faire ici l'énumération. Mais il eſt un fait qui démontre juſqu'à l'évidence la pureté de nos intentions & l'étendue de notre dévouement à la République ; c'eſt qu'inſtruits que les ſections pouvoient devenir dangereuſes, nous avons fait fermer leurs aſſemblées. Comment, de bonne foi, ſuppoſer des idées perverſes, des deſſeins perfides, à des hommes qui ſuppriment tout moyen de trouble & de ſédition, qui s'enlevent tout appui, tout crédit, toute poſſibilité d'influencer ? N'ai-je pas en mon particulier combattu avec énergie à ma ſection, les meſures de la force départementale, de l'envoi de commiſſaires & de ſuppléants à Laval & à Bourges ? Combien d'hommes ſont aujourd'hui en place, qui approuvoient vivement ces meſures-là, & qui ont travaillé à les faire adopter ? Avons-nous intrigué pour l'opinion qu'on a pu nous suppofer , dilapidé les tréfors de la République, femé l'argent dont nous étions dépofitaires, envoyé des commiffaires dans les diftricts pour les égarer ? Avons-nous ceffé de combattre & de comprimer les royaliftes ? Les pétitions des fociétés populaires n'ont-elles pas été toujours converties par nous en arrêtés ? &c. Qu'on interroge fur notre compte les repréfentants même qui étoient délégués à Nantes lors de notre erreur ; ils attefteront quelle a été notre bonne-foi, combien notre républicanifme étoit fincere, & avec quelle facilité l'erreur fe gliffoit par-tout. Comment, je le répete, a-t-on pu , d'après tous ces faits , ne pas refpecter le décret qui déclare que nous fommes impuniffables , & qui reconnoît que nous n'avons été qu'égarés , puifque nous nous fommes folemnellement & fincérement rétractés avant même le délai qui nous étoit accordé ?

Quant à l'influence qu'on a pu me fuppofer , je demande de quoi fe compofe l'influence. De la confidération due à l'âge , au favoir , au caractere ; de l'importance que donnent des lumieres étendues , des richeffes confidérables , des fervices éminents , des places occupées. Je n'avois rien de tout cela , j'aime à croire qu'on m'eftimoit ; mais du refte on me regardoit comme un de ces enfants perdus , qui fe livrant à toute la fenfibilité de leur cœur , à toute la chaleur de leur tête , fe jettent en aveugle par-tout où ils voyent la liberté , l'égalité , les vertus républicaines , & fe font autant d'ennemis fecrets qu'il y a d'hommes dont ils heurtent les paffions & les intérêts. Obligé de dire chaque jour fur un grand nombre d'affaires ce que je croyois être la vérité , & d'aider à fauver les deniers de la République d'atteintes infidieu-fes & de demandes exagérées , comment étoit-il poffible de s'acquérir du crédit ? Je défie qu'un citoyen qui, dans une adminiftration , fera fon devoir , voudra ne rien ac-corder aux follicitations & à l'intrigue , mais exécuter les loix & fuivre rigoureufement la juftice , ne s'attire en très-peu de tems une foule de détracteurs , tous efficace-ment difpofés à le deffervir. Si on regarde comme de l'influence les marques de confiance qui m'ont été don-nées maintefois par la fociété populaire , je répondrai qu'alors chaque citoyen voyoit & étoit bien-aife de voir en moi fes propres fentiments , fes propres principes , qu'il étoit content de trouver un homme dévoué qui eut le courage de les déclarer hautement , tandis que lui , à l'abri de fon obfcurité , étoit parfaitement en repos fur les fuites. Ce n'étoit pas moi alors qui influençois. On fe fervoit de moi comme d'un inftrument , & d'un inftru-ment refponfable. Il eft étonnant qu'on me faffe un pareil reproche , car il eft notoire que cette influence prétendue n'a jamais exifté , que je n'ai eu de crédit ni avant d'être adminiftrateur , ni depuis ; & je préfume que quelques-uns de ceux qui avoient du crédit & de l'inflence font ceux qui ont contribué le plus à m'en gratifier , afin de détourner de deſſus eux-mêmes l'attention, & de montrer en aidant à ma perte, qu'ils étoient bien éloignés de pouvoir s'en reprocher le motif. Il eſt plus étonnant encore qu'on m'ait reproché d'avoir de l'eſprit. Et quel uſage avois-je fait de ce prétendu eſprit? J'ai écrit beaucoup de diſcours, j'ai fait une mauvaiſe comédie, de mauvais vers, mais tout cela étoit très-patriotique, très-révolutionnaire; & l'ariſtocratie me couvroit de ridicules, me qualifioit d'écrivaſſier; & ce qu'il y a de vraiment ſingulier, c'eſt que ce reproche m'ait été fait par un des hommes les plus ſpirituels de Nantes, qui a le plus de prétentions à l'eſprit, qui s'en eſt montré le plus infatué, & qui a fait ſur celui qu'il me ſuppoſe des plaiſanteries qui pouvoient être excellentes, mais dont plus d'un ariſtocrate s'eſt fort amuſé quelquefois.

Lorſque je fus conduit à la maiſon d'arrêt, mon caractere étoit tellement établi, qu'on me prit pour un eſpion des ſans-culottes, & que des avis y coururent de ſe mettre en garde contre moi. Là, un excellent citoyen voulut bien m'adjoindre à la compoſition d'un dialogue qui a dû être lu à la ſociété populaire, le jour de la fête de la Raiſon. C'eſt-là, c'eſt ſur toute la route depuis Nantes juſqu'à Paris, qu'au milieu de dangers imminents, d'angoiſſes, de miſeres, de ſouffrances de toute eſpece, j'ai montré que mon républicaniſme étoit incapable d'altération, que j'ai béni hautement la République en préſence de

brigands qui la blafphémoient , & qu'au bruit de l'artil-
lerie de fes ennemis les plus féroces , j'ai dit avec mes
amis : Que je périffe pourvu que la République foit fau-
vée , & je meurs heureux.

Voilà mes vœux finceres , ma profeffion de foi immua-
ble. Inviolablement attaché à la convention nationale ,
quelques mefures qu'elle prenne , j'en ferai le défenfeur
fidele , l'apôtre franc & zélé. Mes dernieres paroles fe-
ront : *Vive la Convention nationale , vive la Montagne ,
vive la République françoife , une & indivifible !*

Paris le 17 Floréal de l'An II. de la République Françoife , une & indivifible.

ANTOINE PEGCOT , fils.

De l'Impr. de BELIN , rue Jacques, N°. 27 , l'An II. Républicain.

www.ingramcontent.com/pod-product-compliance
Lightning Source LLC
Chambersburg PA
CBHW051254030726
47595CB00003B/1242